생명의 울림
-제 6차 시집-

大山 유진길 著

도서출판 우리글벗

머리말

제 5차 시집을 발간한지 일 년도 안 돼서 제 6차 시집을 발간하게 되었다. 가을이 오면 시를 많이 쓰는 것이 나의 습관이기 때문이다

언제나 그렇지만 시를 쓴다는 것이 쉬운 일이 아니다. 제 6차 시집을 만들면서 내 마음에 들지 않는 시 삼십 편을 삭제했다.

혹자는 삼십 편의 시들을 그냥 사용하라고 말할 수도 있지만 내 양심이 허락지 않는다

진실이 결여된 시는 나와 독자들에게 실망을 주기 때문이다.

나는 시를 쓰면서 감각적이고 자극적인 내용의 시들을 멀리한다. 그런 시들은 잘못하면 독자들을 현혹에 빠지게 하기 때문이다

제 6차 시집에는 제4차 시집에 수록한 시 '늘, 그러하길' 일부를 첨가했다. 내가 최초로 쓴 신앙시이기 때문에 그 가치가 중요해서이다.

끝으로, 제 6차 시집을 읽는 독자들이 마음의 풍요로움을 만끽하기 바라며 머리말을 마친다

-목차-

새벽에...7
내님...8
생명의 울림...9
사랑의 꽃...10
아픔...11
아내의 마음...12
내 마음이(1)...13
비창(悲愴)...14
그 사람...15
글을 쓰다가...16
아내(3)...17
그대(2)...18
내 마음이(2)...19
믿음...20
믿음의 향기...21
글을 쓰기...22
고백(2)...23
주님의 사람...24
아내와 나...25
그녀의 거짓말...26
거짓없는 삶...27
로미오와 줄리엣-셰익스피어著...28
꿈-초대...29
故김환기 화백...30
가수 故김현식...31

세월(2)...32
친구(1)...33
요셉...34
귀천-故천상병 著, 본인이 가장 사랑하는 시...35
뷰티플 마인드-영화 'Beatifl Mind'를 보고...36
인연...37
세월과 믿음...38
故 빈센트 반 고흐...39
사후(死後)에...40
고마움...41
삼위일체...42
사랑한다는 것...43
상대성 이론-아인슈타인 著...44
봄날...45
우리 ...46
새야...47
영토...48
내님(1)...49
그리움(1)...50
상록수...51
가을비...52
내님(2)...53
사랑합니다...54
행복(2)...55
우리는(1)...56
생일...57
예배당...58

지우개...59
허물...60
그님의 품...61
괜찮다(1)...62
괜찮다(2)...63
우리는(2)...64
새벽이슬...65
삶...66
우리는(3)...67
은근히...68
세월(3)...69
가을이네요(2)...70
꿈-축제...71
가을의 날씨...72
그리움(2)...73
안개...74
오 월에...75
산봉우리...76
맞아, 글쎄...77
우울한 강아지 인형...78
삶의 진실...79
가을은...80
희망의 울림...81
바보 이반-톨스토이 著...82
수고가 많네요...83
지옥...84
친구(2)...85

희망의 빛...86
여명(黎明)...87
자유(1)...88
자유의 울림...89
아름다운 사람...90
아름다운 세상...91
은섭과 이준(2)...92
나의 연인...93
추억...94
긍정의 세상...95
그대(2)...96
사랑의 꽃(2)...97
웃음...98
희망...99
가을비(1)...100
속삭임...101
고백-따스함...102
아름다운...103
삶의 흔적...104
꿈-선물...105
세월(4)...106
인생-사람의 삶...107
사랑의 언약...108
진실의 언어...109
친구, 성진에게...110
사랑의 속삭임...111
우리가 쓸쓸하지 않은 이유는...112

영원한 삶...113
문득 떠오르는 것이...114
가을비(2)...115
가을이 오면...116
가을에는...117
마음이...118
약속...119
불교...120
우리에게 필요한 사람...121
슬픔...122
희생...123
우리...124
쓸쓸한 밤...125
술과 담배...126
빛과 어둠...127
얼마나 좋을까(1)...128
얼마나 좋을까(2)...129
누구인가...130
작은 누나...131
그집에...132
진실(2)...133
그리움...134
삶의 흔적...135
늘, 그러하길...136
평행선...137
그리움 그리고 쓸쓸힘...138
사랑과 믿음...139

새벽에

간간이 불이 켜진 집들을 보면
차분해지는 나의 마음

나 홀로 새벽을 맞이해도
외롭지 않은 것은
그분이 나와 함께 하기 때문에

새벽이 나를 포근하게 감싸면
따뜻해지는 나의 마음

새벽아, 조용함 속에 따스함을 담아
외로운 이들을 돌보기를

내 님

나의 어리석음에
마음이 서러워도 미소 짓는 내 님

늘 한결같은 마음으로
가족을 돌보는 내 님은
아름다움 그 자체

한밤중에 나 홀로 깨어 있어도
미소를 지을 수 있는 것은
내 님과 내가 영적인 교류를 하기 때문에

우리, 남은 생을 알차게 보내며
고운 진실 속에 환한 빛이 가득하기를

생명의 울림

멀리서 다가온 기억이
우리 곁에 머물 때
따뜻한 마음도
아름다운 눈동자도 함께 한다

그대는 나에게
사랑을 보내고
나는 그대를 위해
밤을 새운다

우리가 가까울수록
외로움은 저만치 사라진다

오늘 밤은,
우리의 솔직한 대화 속에
상냥한 꿈을 꾸련다

그것은 나의 기쁨,
아름다운 생명의 울림이기 때문에

사랑의 꽃

나이가 들어도
늘, 청순한 그대의 미소

늘, 내 곁을 지키는 그대는
오늘도 내 곁에 머무네

그대의
귀여운 얼굴을 쳐다보기만 해도
아늑해지는 나의 마음

부디, 늘 나와 함께 하면서
사랑의 꽃을 피우기를

아픔

살며시 미소 짓는 모습에
어리는 기억들

잊으려 해도 잊을 수 없는
나의 아픔

삶이 늘 웃지 않아
침묵을 지키는 나의 마음

그래도 주님은
초라한 나를 다독거리며
나에게 희망을 준다

늘, 그리운 주님
한결같은 마음으로
나의 아픔을 돌보기를

아내의 마음

당신 아프지 말아요
내 마음이 아프고 기운이 없으니
절대로 아프지 말아요

내 마음이(1)

내 마음이 솔직하다면
말을 꾸밀 필요가 없기를

내 마음이 순수하다면
허욕을 가질 필요가 없기를

내 마음이 깨끗하다면
사심 없이 사람을 대할 수 있기를

내 마음이 소박하다면
그분의 포근한 품 안에 안길 수 있기를

내 마음이 선한 눈물이라면
동트는 새벽에 그분과 한 몸이 되기를

비창(悲愴)

한 사람을 사랑한다는 것이
얼마나 힘든 것인지

어쩌면 우리는 그이 때문에
마음이 평온할 수가 있다네

그래도, 사람이기에
그이의 사랑을 잊을 수도 있다

마음이 쓰리고 아픈 사람을
그이는 늘, 보살펴 주어도

인간이기에 쉬 잊을 수 없는
비창(悲愴)

오늘도 밤의 정적에 귀 기울이면
살며시 번지는 그이의 위로

그 사람

그 사람,
처음 만남에 운명의 줄을 잡았네

함께 할수록 친근해진 우리는
하나가 되어 정다움을 나누네

그 사람,
이제는 땅 위에서 하늘을 섬기니
차분해지는 평화의 울림

그 사람,
보기만 해도
마음에 느끼는 사랑의 속삭임

그 사람,
영원한 마음을 나누는
주님의 축복

글을 쓰다가

글을 쓰다가 실수를 하면
그냥, 스윽 지우면 된다

늘, 글쓰기가 어려워
지우고 지우다 보면
글의 내용에 만족하여도
완전히 만족한 것은 아니다

아내의 고운 미소를 닮은
구절에 가슴이 설레어
또 쓰고 또 쓰는 나의 마음

이제는
주님의 사랑이 글이 되니
한결, 따뜻해지는 나의 마음

아내(3)

커피잔을 앞에 놓고
그대를 바라보면
나를 살피는 그대의 목소리

늘, 사랑으로 가족을 돌보는 그대는
아름다운 꽃의 향기

그저, 보기만 해도 좋은 그대는
곤한 일상에 쉬 잠이 들어도

나, 그대 곁에 조용히 앉아서
그대의 동그란 얼굴을 보면
나의 마음이 차분해진다

늘, 그리운 그대
나 떠난 후에도
세상을 아름답게 수놓으며
나를 만날 날을 기다리기를

그대(2)

날이 저물어가면 더욱 그리운 그대

나를 위해
자신을 헌신한 그대는
늘, 밝음으로 거듭 난다

나를 돌보는 그대가 있어
나는 마음의 안정을 찾을 수가 있다

그대는 나의 사람,
그대의 활짝 핀 웃음꽃은
내 마음을 설레게 한다

내가 그대에게 바라는 것은
그대가 건강한 몸으로 나를 돌봐주기를

그것뿐, 다른 바람은 없다

내 마음이(2)

긴 세월에
바람이 불어 흔들리는 내 마음

상처와 치유의 나날들
심각해지는 나의 아내

나의 아내에게 약속할 수 있는 건
영원히 아내를 사랑하겠다는 것

그런 내 마음을 아는 나의 아내는
편하게 잠을 잘 수가 있다

또한, 이준이가 얼마나 아름다운지
은섭은 얼마나 착실한지

이 세 사람을 위해서
나의 삶을 희생할 정도로
나는 그들을 귀하게 여긴다

믿음

사람과 사람 사이에
필요한 것은 믿음

서로의 삶을 이해하면
서로가 친밀해질 수가 있다

사람 사이의 믿음보다
더 귀중한 것은
그님과의 우리의 관계

우리의 믿음이
하늘에 다다르면
솟아나는 사랑의 물결

삶이 힘든 이들이여,
작은 욕심을 버리고
그님 곁에 다가가면
그님은 온화하게
그대들을 받아들이겠지

믿음의 향기

홀로 가만히 있을 때
떠오르는 믿음의 향기

함께 한 시간 만큼
늘, 그리운 주님

사람이 잘못된 길을 걷다가
회개하면
주님은 환하게 웃는다

주님은 내게 말하지
세상의 양면을 두루 살피면
믿음의 향기를 맡을 수 있다고

주님이여,
믿는 이들의 순종의 마음과
늘, 함께 하며

그들이 하늘로 갈 때까지
땅에서 그들을 돌보기를

글을 쓰기

글을 쓰기 전에
솔직한 마음을 염두에 두기를

과거의 잘못을 반성하며
다른 이에게 모범이 되기를

글을 쓰는 동안에
잠시 쉬면서
거짓이 있는지 살피기를

글을 모두 쓴 후에는
글을 찬찬히 검토하여
글에 부끄러움이 없기를

고백(2)

살아오면서
내 자신을 보호하기 위해
뭇사람들을 힘들게 했네요

무엇이 옳은지 그른지
알면서도
나를 위해 그릇된 선택을 하기도

교인이란 이유로
설교에 임하면서
종종 설교에 집중하지도 못했는데

성령의 힘을 알면서도
흔들리는 마음을 주체하지 못 했네요

이젠 영적인 교류를 알기에
진실한 교인들과 교제하며
주님의 품에 안겼으면

주님의 사랑

우리를 지으신 주님은
오늘도 우리를 사랑으로 돌보시네

험한 세상에 살기 힘들어도
믿는 이들은 순수한 영혼으로
하늘의 편이네

그것은
주님의 섭리이자 믿는 이들의 마음

주님이여,
믿는 이들을 돌보소서

그들이 연약하여 좌절에 빠져도
부디, 주님 앞에 무릎을 꿇고
참된 기도를 드리기를 나는 바라네

아내와 나

겸손한 아내는 나를 위해 존재하고
나는 아내를 위해 존재하네

시
음악
미술……

이 모든 것들을 공유하는 아내와 나는
오늘도 애틋한 사랑에 빠져서
서로를 그리워 한다

아내와 나

평생을 함께 할 우리는
잠자리에서
영적인 사랑의 꿈을 나눈다

그녀의 거짓말

그녀가 꾸며낸 거짓말에
가까운 사람들 마저 침묵을 지킨다

그렇게 교묘한 입놀림을 해서
자신이 쌓은 공을 허물어뜨릴까

그녀의 거짓말

그녀는 어린 시절에 사랑을 받지 못해
늙은 나이에 거짓말을 해서
자신이 돋보이기를 원하는가

애정결핍증

결국은 그 병 때문에
그녀는 거짓말을 할 명목을 찾아
늘, 상상의 나래를 편다

거짓 없는 삶

자신을 올바르게 아는 이는
타인의 시선에 흔들림이 없다

무릇, 일부의 사람은
타인을 나쁘게 평가하는 경우가 있다.

우리 교인들은
그런 이들의 시선을 멀리하며
주님께 의지해야 한다

우리의 소중한 주님을 위해
우리는 거짓 없는 삶을 살아야 한다

로미오와 줄리엣-셰익스피어著

적대시 하는 가문에서 성장해도
첫 사랑은 변함이 없다

로미오와 줄리엣

순간의 사랑이 긴 사랑이 되어
비극이 닥쳐와도 사랑은 영원하다

그들은 청순한 나이에
모든 가식을 버린 채
슬픈 꿈속에서 밝은 앞날을 기약했다

영원히 지지 않는 사랑의 불길로

꿈-초대

그대여, 이곳으로 오라
이곳은 내가 거하는 곳이니
제일 좋은 옷을 단정히 입고 오라

그대가 나를 믿는다면
경건한 마음으로 나를 대하라

세상은 혼탁해도
그대의 마음은 순수하니
그 마음 변치 말기를

삶과 죽음을 함께 한다 해도
두려워 마라

이제 이곳에서 영원히 살 것이니
오직 나만을 생각하라

故김환기 화백

단순하고 동양적인 색으로
아름다움을 표현하신 분

색의 조화가 고와서
바라만 보아도
마음이 따뜻해진다

내 방의 벽에 걸린 '달과 사슴'은
나의 피곤을 달래준다

가수 故김현식

대중가요를
잘 부르는 가수들 중의 한 명

대마초를 잊지 못해
늘, 술을 가까이하며
삶의 의미를 잃어버린

아내마저 그의 방황을
견디지 못해
그의 곁을 떠난

결국, 술 때문에
간경화에 걸려서
젊은 나이에 세상을 등진

내가 바라는 것은
그대가
하늘에서 술을 마시지 않아도
행복을 누리기를

세월(2)

먼 옛날의 기억들이
때로는 내 가까이에

시간의 흐름은 빨라도
젊은 날의 기억들은
지금도 내 곁에

세월은 얼마나 편한 것인가
젊은 날의 슬픔을
아름답게 꾸밀 수 있으니

세월은 나의 모든 것을
자상하게 살펴주니

나도 모르게
장맛비 소리를 들으며
젊은 날의 추억에 잠긴다

친구(1)

반백년이 지나도록
친구가 된 우리

간혹, 엇갈림이 있어도
금세, 하나가 되는 즐거움

일 년에 몇 번밖에 만나지 못해도
늘, 허물없이 지내는 친근함

나잇값을 하느라
어른 대우를 받기 원해도
속마음은 청춘 그대로

친구여,
서로를 생각하며
마음만이라도 한 몸이 되기를

요셉

요셉만큼 순결할 수 있을까?
요셉만큼 용서할 수 있을까?
요셉만큼 사랑할 수 있을까?

쉽게 대답할 수가 없네

귀천(歸天)-천상병 著-본인이 가장 사랑하는 시

나 하늘로 돌아가리라
새벽빛 와 닿으면 스러지는
이슬 더불어 손에 손을 잡고

나 하늘로 돌아가리라
노을 빛 함께 단 둘이서
기슭에서 놀다가 구름 손짓하며는

나 하늘로 돌아가리라
아름다운 이 세상 소풍 끝내는 날
가서 아름다웠더라고 말하리라……

뷰티플 마인드-영화 'Beautifl Mind'를 보고

대학생일 때부터
정신장애를 앓은 수학의 천재, 존 내쉬

망상, 환청, 환시를 현실로 착각하여
정신병 치료를 받으며
대학교수직 마저 포기한 그

그를 진실로 사랑한 아내는
힘든 삶을 살아도 늘, 그의 곁을 지켰다

늦은 나이에 다시 공부를 시작하여
대학교수직을 다시 시작한 그

그리고,
수학이 전공이지만
현대 경제학 분야에서 큰 획을 그어
노벨 경제학상을 수상한 그

아내의 헌신과 아름다운 마음이 있었기에
지금의 자신이 있다는 그의 말을 들으면
나는 나의 아내가 머리에 떠오른다

나는 천재는 아니지만
아내 덕분에 평온한 삶을 살 수가 있으니

인연

내 삶에 연인은
아내 한 명이면 족하다

아내를 알기 전에
사귄 여인은 몇 명 있었지만

나를 이해하고
나에게 헌신하고
내 곁에 평생 있어 준 연인은
아내뿐이기 때문이다

늘, 낙관적인 아내와 함께 산다는 것이
얼마나 큰 행복인지

우리의 맺음은
아주 오래 전에 시작했지만

나이 들수록
아내의 털털하고 귀여운 모습이 보기에 좋아
오늘 밤도 잠든 아내를 차분히 지켜본다

세월과 믿음

기쁨도 슬픔도 있었지
그래도
기쁨이 슬픔보다 많아
나를 지탱시켜준 세월

그동안 사귄 사람들은
각자가 특이한 점이 있어
그들과 그런대로 잘 지내왔지

살다보니,
헛되는 것이 많아도
제일 소중한 것은 가족

함께 오래 했기에
말 한마디에도
무슨 뜻인지 아는 가족이니까

솔직히 말해서
내가 주님을 삼십 년 이상 믿는 이유는
세월과 함께 주님은
우리 가족을 따뜻하게 보살펴 왔기 때문에

그래서
우리 가족의 믿음은 굳건하다

故빈센트 반 고흐

내가 가장 사랑하는 화가인 그대

평생 동안,
그를 사랑한 여인이 단 한 명도 없어
외로운 삶을 산 그대

동생 테오와 편지를 교환하며
외로움을 달랜

예기치 않은 질병 때문에
그의 그림은 변했는데

소용돌이 식의 그의 후기 그림들은
그의 영혼의 혼돈을 잘 표현했다

자신의 질병을 치료받기 위해
스스로 정신병원에 들어간 그대

빈센트 반 고흐

나는 그대의 순결한 마음을 안다네
그래서,
나는 그대를 사랑할 수밖에 없네

사후(死後)에

우리가 죽은 후에
천국에 가면
남녀의 구별이 없다고 한다

내가 보기에
우리가 죽은 후에
천국에 가면
남녀의 구별이 없다는 것은
생식기가 변한다는 것이 아니라
성욕이 없다는 것이다
에로스적인 사랑이 없어진다는 것이다

물론, 내 생각일 뿐이다

고마움

수십 년이 지나도
사랑하는 마음은 한결같은 그대

날이 밝으나
날이 흐리나
늘, 나를 돌보는 그대

이준이를 사랑으로 키우고
나를 보살피느라
자신을 바친 그대

언제나,
이준의 조언 상대가 되어준 그대

그래서,
이준은 마음이 곱고 올바르면서
차분한 성격을 간직할 수가 있다

삼위일체

성부와 성자와 성령

성부(하나님)은 가운데
성자(예수님)은 오른쪽에
성령은 왼쪽에?

늘, 궁금했던 것
하나님은 내 말씀이 틀리더라도
나를 이해하실 거야

사랑한다는 것

사랑한다는 것은
상대방을 이해한다는 것

사랑한다는 것은
상대방의 허물을 감싸주는 것

사랑한다는 것은
상대방을 있는 그대로 받아들이는 것

사랑한다는 것은
서로를 위해 서로가 양보하는 것

사랑한다는 것은
주님의 보살핌을 받으며
주님을 닮아간다는 것

상대성이론-아인슈타인 著

멋있고 다정한 남자와 함께 있으면
한 시간이 일 분처럼 느껴진다

추하고 심술궂은 남자와 함께 있으면
한 시간이 한 달처럼 느껴진다

봄날

오 월의 꽃향기와
봄날은 함께 한다

꽃들은 활짝 피고
따뜻한 날씨는
우리 모두의 것

아름다운 꽃 잔치를
함께 하는 이들은
행복 그 자체

우리는 모두
봄날과 함께 하면서
설렘 반 흐뭇함 반으로
모든 피로를 삭인다

우리

사십 년 가까이
우리를 맺어준 사연

그대의 성격이 좋아,
그대의 다정한 미소가 좋아
하나가 된 우리

그대를 생각하면
떠오르는 것들

그 중에 제일 좋은 것은
그대의 긍정적인 마음씨

그것이 부족했던 나도
세월 따라 그대를 닮아
긍정적인 사람이 되었네

새야

새야, 정원에 자주 와서
예쁘게 지저귀거라
나의 피로를 덜 수 있게

새야, 내 창가에 앉아
속삭이거라
외로운 나의 친구가 되게

새야, 계절에 상관없이
늘, 내 곁에 오거라
나와 정다운 사이가 되게

새야, 하늘을 날아라
내가 자유를 원하듯이
너도 자유를 누리게

영토

영토를 넓히는 방법은 간단하다

국민이나 국가가
타국의 영토를 돈으로 사면 된다

내님(1)

적막한 고요에
눈을 감으면
선뜻, 떠오르는 모습

그 모습을 마음에 담으면
내님의 다정한 속삭임

결코, 잊을 수 없는
내님과의 사연은
나, 저문 후에도 영원한 것

그러기에,
나의 살짝 들뜬 마음에
내님은
온화한 미소를 짓는다

그리움(1)

문뜩 떠오르는 그이,
아름다운 이여

어렵게 만날수록
그이와 늘 가까이 하기를

나 혼자 있을 때
조용히 스며드는 그리움

얼마나 놀라운 일인지요
그이의 차분한 말씀을
늘 기억하기를 바라는 내 마음은

상록수

늘 푸른 나무, 상록수
세상과 사람이 변해도
변치 않는 상록수는
고난 받는 사람들의 위안이구나
그 누군가가 있어,
그 누군가가 푸름을 사모하고 행하니
세상은 살 값어치가 있다
그런 사람이 있기에
현재의 빛나는 숨결
상록수여, 영원하리라

가을비

가을비 내리는 날에
홀로 길을 걷는다

추억의 조각들이
내 뇌리를 두드리면
내님의 다정한 손짓

내님과 함께 할 때
결코, 지울 수 없는
사랑의 자국들이
내 마음을 사로잡는다

언젠가, 나 외로울 때
내님은 나를 보살피고
가을비 내리는 날에
내님은 따뜻함으로 나를 감쌌다

늘, 그리운 사람, 내님
그리고 가을비

내님(2)

나 쓸쓸할 때
나를 포근히 안아주는 내님

나 외로울 때
나를 따뜻하게 대하는 내님

나 슬플 때
내 눈물을 닦아주는 내님

나 즐거울 때
함께 즐거워 해주는 내님

나 기쁠 때
함께 기뻐해 주는 내님

내님은 나의 모든 것

사랑합니다

그대와의 낯 익은 사연을 더듬으면
사랑합니다

그대의 고운 목소리를 들으면
사랑합니다

그대의 활짝 핀 웃음을 들으면
사랑합니다

그대의 기쁨을 함께 하면
사랑합니다

그대의 야무진 입매를 보면
사랑합니다

결국,
그대의 모든 것을 사랑합니다

행복(2)

내 곁에 느끼는 그대의 따뜻함
첫 만남으로 만든 사랑의 빛

함께 한 세월 동안
다정함으로 물들인 우리의 사연

그 누구도 앗아 갈 수 없는
우리의 사랑의 언약

그리운 이여,
이 밤 지새우며
영원한 행복을 누리기를

그러면,
우리는 서로를 살피며
고운 언약을 늘, 우리 곁에 두겠지

우리는(1)

늘, 그리운 우리의 사연을
함께 하며 살아온 계절

그 모습 놀라워
침묵 속에 다정함을 함께 한다

우리는 떨어져 있어도
친밀한 약속을 함께 한다

이런, 우리의 고운 약속은
얼마나 놀라운 것인지

이제는,
우리가 푸른 하늘을 바라보면
영원함이 살며시 미소짓는다

생일

동 트는 새벽을 맞이하면
잠에서 깨는 우리

아침과 전쟁을 치른 아내는
일터로 나가고
나는 내 방에서 생일편지를 쓴다

오늘은 아내의 생일
소박한 생일선물과 생일편지를
예쁜 종이봉투에 넣는다

저녁에 아내가 집에 왔을 때
아내에게 종이봉투를 건네면
아내는 기쁨의 미소를 짓는다

그리고,
오랜만에 가족 모두 모여서
아내의 생일을 축하한다

예배당

아름다운 찬송가 울려퍼지는
예배당

교인들의 참된 기도가 머무는
예배당

목사님들의 진실한 설교와 함께 하는
예배당

모든 것이 기쁨인 곳
예배당

결국, 주님의 주인 됨을 밝히는
예배당

지우개

과거의 어리석음을
지울 수 있다면

과거의 잘못을
지울 수 있다면

과거의 아픔을
지울 수 있다면

과거의 슬픔을
지울 수 있다면

그러나 그런 지우개는 없지요
그저,
과거를 살핀 후에
현재에 충실한 것이 삶이죠

허물

누구나 있는 허물을
들추기보다
따뜻하게 감싸주기를
그러면
누구나 고운 눈매를
간직할 수 있으니

자신의 허물을 감추기보다
솔직하게 고백하기를
그러면
상호간에 신뢰가 쌓이겠지

그님의 품

잠 못 이루는 밤에
가만히 있으면
떠오르는 그님

그 누구보다도
거룩한 사랑에
따뜻함을 더한 그님

볼품없는 나를
사랑으로 감싼 그님

오늘도 내가
그님과 무언의 대화를 나누면
가슴에 스며드는 미소

괜찮다(1)

삶이 힘들더라도 괜찮다
희망이 있으니

외롭더라도 괜찮다
친근한 사람 몇 명이 있으니

마음이 아프더라도 괜찮다
아픈 마음을 감싸줄 분이 있으니

후회해도 괜찮다
과거와 현재의 잘못을 참회할 수 있으니

늙어가도 괜찮다
하늘에 갈 날이 멀지 않으니

괜찮다(2)

말을 잘 못해도 괜찮다
글로써 자신의 생각을 밝힐 수 있으니

초라한 외모를 지녀도 괜찮다
마음이 부자이니

마음이 약해도 괜찮다
정신이 강직하니

후회할 일이 많아도 괜찮다
새로운 길이 보이니

사람을 사랑하기 어려워도 괜찮다
진실한 사랑이 어디서 오는지 아니까

늙어가도 괜찮다
작은 나무가 큰 나무가 될 수 있으니

우리는(2)

인적 드문 벌판에 우뚝 서면
떠오르는 우리의 고운 사연

늘, 우리는 함께 하니
부족함이 없네

출렁이는 물결에 마음을 담으면
돋아나는 기억들

세상은 같은 모습이고
세상 속에 우리가 있으니
빛나는 우리는
오늘도 밝은 미소를 짓는다

새벽이슬

한 밤을 보낸 후에 정원에 나가면
이슬 맺힌 새벽 꽃잎이 나를 반긴다

촉촉한 물기에 젖은 꽃잎들은
아름다움 그 자체

태양이 빛날 때 사라지는 이슬에
안타까운 나의 마음

그래도, 내일 새벽에
만날 수 있는 이슬이기에
긴 한숨을 멀리한다

삶

숱한 갈등의 반복에
서럽게 반응하는 너

삶의 중심으로 다가온 너는
나의 상처를 보듬는다

길의 끝은 어디인가
끝이 없는 길이 어울리겠지

모든 것이 끝이 있다 해도
우리의 삶은 끝이 없다네

삶은 영원으로 향해 달리고
우리의 순간은 잠시 동안

그것 뿐이네

우리는(3)

늘, 그리운 우리의 사연을
함께 하며 살아온 세월

그 모습 놀라워
침묵 속에 다정함을 함께 한다

우리는 잠시 떨어져 있어도
마음만은 진실 속에 머문다

이런 우리의 고운 사연은
얼마나 놀라운 것인지

이제는,
함께 푸른 하늘을 바라보며
살며시 미소 짓는다

은근히

은근히 그대를 생각하면
믿음의 언약이 가까이에

함께 한 세월이 아득할수록
돋아나는 사랑의 속삭임

우리의 약속을 하늘에 뿌리면
빛나는 믿음이 가까이에

내 마음을 그대에게 보내면
슬쩍 비추는 신뢰의 보석

세월(3)

무슨 말을 할 수 있을까
세월은 흘러갔는데

귀여운 모습 예쁜 미소는
지금도 내 가까이에

멀치감치 시간이 흘러도
그대의 모든 것은 아직도 선명하네

젊은 날의 열정은 사라졌어도
따뜻한 마음을 지닐 수 있는 건
아름다운 시절이 많았기 때문에

세월아, 천천히 가거라
내 몸 늙어 시들어도
젊은 날의 향기를 간직하기 위해서

가을이네요(2)

무더위가 지나니
가을이네요

지난 기억들이 선명하니
가을이네요

낙엽이 고개 숙여 떨어지니
가을이네요

아쉬운 순간들이 생각나니
가을이네요

먼저 간 친구가 떠오르니
가을이네요

그님이 유독 그리우니
가을이네요

그래요, 가을이네요

꿈-축제

오늘은 나를 위한 날이니
가장 좋은 포도주를 준비하라

특히, 오늘은 축제의 날이니
많은 사람들이 즐기도록 축제를 준비하라

특히, 믿는 이들 중에
자신의 허물을 고백하는 자들이
기꺼이 참여하게 하라

축제를 적당히 즐기며
오직 나를 위해 찬송할지라

이제, 축제가 끝날 즈음이니
모든 것 다 정리하고
가슴에 품은 사랑은 변하지 마라

가을의 날씨

무더위가 지나가면
선뜻, 들어선 가을의 날씨

덥지도 않고 춥지도 않은 날씨는
사람들을 괴롭힌 여름을 물리친다

또한, 사람들은 선선한 날씨와 함께 하며
즐거운 나들이를 한다

가을이 지나고 겨울이 오면
쓸쓸한 사람들은
겨울을 마주 하며 고개 숙인다

그리움(2)

쓸쓸할 때
선명히 드러나는 그리운 사람

가슴이 아릴 때
함께 하고픈 사람

다정한 연인들을 볼 때
생각나는 사람

홀로 생각에 잠길 때
떠오르는 사람

늘, 함께 해도
그리운 사람

하늘빛을 사모할 때
늘, 생각나는 사람

안개

뭐라고 말할 수 있을까
안개를

회색 거리에
스며드는 고개 숙인 모습

때론,
그리운 이를 그리워해도
그이의 모습은 흐릿하기만 한데

서러움에 가슴 벅차도
하얀 햇살에 점차 사라지는

안개여,
하루만이라도 내 곁에 있어다오

오 월에

포근한 날씨에 내 마음을 담으면
떠오르는 그대의 모습

함께 한 세월만큼 다정한 우리 사이

때론,
슬픔에 젖어도
쉬, 사라지는 슬픔의 조각들

오 월은 따뜻함과 선선함을 함께 하니
늘, 아름다운 오 월의 향기여

문득,
아픈 기억들에 젖어도
오 월은 빙긋 웃으며
마음 아픈 이들을 보살핀다네

산봉우리

저 끝까지 올라야
산봉우리가 보일까

한 걸음 한 걸음
몸에 돋아나는 땅방울

이제, 절반은 올랐는데
조금씩 힘이 드네

잠시 쉬는 것도 괜찮아
수건으로 땀을 닦으며 힘을 내야지

힘을 내서 오르는 거야
얼마 남지 않았어

이윽고, 도착한 산봉우리

나는 너와 친구가 되고 싶어
영원히 변치 않는

상록수……

맞아, 글쎄

나는 음악과 미술과 문학을 사랑해
맞아

나는 나의 가족을 사랑해
맞아

나는 친구들을 좋아해
맞아

나는 거짓말을 멀리해
맞아

나는 모든 사람을 사랑해
글쎄

나는 쉽게 사람들을 용서해
글쎄……

우울한 강아지 인형

내 방 책상 위에는
강아지 인형 한 마리가 놓여있다
내가 글을 쓰거나
음악을 듣거나
영화를 볼 때
강아지 인형은 말없이 나를 쳐다본다
그 모습이, 그 눈망울이 슬퍼 보인다
나 어릴 때 돌보던 강아지
새미와 돌리가 생각난다
그들은 예쁜 몸으로 나와 무척 친했는데
지금은 죽어서 하늘나라에 머물겠지
나도 더 늙어 죽으면 그들을 만난 수 있을까?
그러기를 바라야지

삶의 진실

끊임없이 이어온 세월에
떠오르는 기억의 자국들

함께 한 모든 것이
바람에 휘날리네

삶은
가볍지도 무겁지도 않은 것

그저,
있는 그대로 받아들이는 것이
삶의 진실

가을은

무슨 이유도 없이
가을은 마냥 아름답네요

마음이 아픈 사람들
한숨으로 가을을 맞이하네요

무슨 사연이 있기에
우울해 하나요

미처 맺지 못한 사연은
고운 잎새로 거듭나지요

가을은
기쁨과 슬픔을 함께 하며
천천히 멀어져가네요

희망의 울림

지난 기억들을 한데 모아
마음에 파 묻는다

사람은 과거에 묻혀 사는 듯해도
새로움에 발을 내디딘다

설혹, 삶에 서러움이 있어도
그 순간에 희망의 울림은 선명하다

미래의 소망이 있으므로
현재가 가치가 있는 것

과거도 현재를 밝히는 것이기에
과거와 현재와 미래는 한 몸이 될 수 있다

희망을 바라는 이들이여,
미래를 위해 현재를 살피며
아름다운 꽃으로 피어나기를

바보 이반-톨스토이 著

톨스토이의 소설 '바보 이반'은
사회주의의 향기를 풍긴다
아들 세 명 중에 막내인 이반은
유일하게 사단을 물리친다
그리고 왕과 왕비인 이반 부부는
백성들과 함께 농사를 짓는다

*톨스토이는 사회주의 세상을 꿈꿨지만
실패로 끝났다

수고가 많네요

자식이 부모를 정성으로 모시니
수고가 많네요

부모가 자식을 힘껏 돌보니
수고가 많네요

어른은 어린이를 세심하게 돌보니
수고가 많네요

사람은 타인과 함께 기쁨과 슬픔을 나누니
수고가 많네요

올바른 길을 가는 사람도 많으니
수고가 많네요

사람들은 따뜻한 마음을 간직하니
수고가 많네요

그래요, 수고가 많네요

지옥

칠흑같은 어둠 속에
공포에 젖은 그자
지옥이 그러한지
고통의 눈으로
마냥 발버둥만 치고 있네

친구(2)

반 세기를 함께 해도
젊은 날의 내음은 영원히

친구야,
늙어간다고 서러워 마라
함께 했던 모든 것이
빛이 되어 반짝이니

친구야,
갈 날이 멀지 않다고 두려워 마라
우리가 품은 세상이 가까이 있으니

친구야,
먼저 떠난 친구로 인해 슬퍼마라
친구가 간 곳은 하늘나라이니

진실한 나의 친구들아

희망의 빛

빌딩의 불빛으로 인해
어둠이 머물 곳이 드무네

그 순간에,
한 세상 살아오면서
겪은 고통이 아쉬움으로 피어난다

그 아쉬움을 바람에 날리면
떠오르는 그님의 미소

인자한 그님이 우리를 품에 안으니
우리는 아늑함에 젖는다

또한,
희망의 빛은 우리 곁에 머물고
그걸 지켜보는 우리는 영원하다

여명(黎明)

상처가 많은 시절에
품었던 희망의 빛

어둠은 서서히 물러나고
새벽이 다가오면
새로움이 펼쳐진다

삶의 고통이 끝나는 순간에
서서히 다가오는 빛줄기

이제, 어둠은 사라지고
여명(黎明)이 눈을 뜰 때
솟아나는 하얀 세상

부디, 삶의 고통을 이겨내며
앞날을 살피기를

자유(1)

빛나는 시절에
함께 한 자유의 몸짓

어두운 세상에
불꽃을 피운 이들

뒤돌아보면
자유의 깃발이 휘날리는데

누구도 앗아갈 수 없는
자유의 물결은
오늘도 빛이 되어 빛난다

소중한 사람이 품을 수 있는
자유의 손짓은
오늘도 푸른 꿈을 꾼다

자유의 울림

마음 가는 대로 살아온 시간
불꽃같은 삶에 자유가 함께 한다

그 누구도 억누를 수 없는 자유는
영원의 덩어리

어느덧,
살아오면서 간직한 순간들
하나 둘 빛을 발한다

누구도 간섭할 수 없는 순간들
그리고 피어나는 숨소리

결코 잊을 수 없는 시간에
돋아나는 자유의 울림

아름다운 사람

작은 마음 보여주면
살며시 웃는 그대

나의 순수한 마음을 알기에
늘, 다정한 그대

때론, 마음을 상하게 해도
넉넉한 마음으로 나를 대하는 그대

그대는 아름다운 사람
세상에 유일한 나의 사람

오늘도 그대와 함께 하며
영혼의 불꽃을 피운다

아름다운 세상

멈춤이 없는 세상을
아름다움으로 수놓는 그대

때론, 삶이 서러워도
아름다운 세상은 변함이 없네

그대여,
나와 손잡고 앞으로 나갈까요

이 아름다운 세상을 함께 하며
값진 삶을 만들기를

그러면,
세상은 밝은 빛을 비추며
아름답다고 고백할 수 있으니

은섭과 이준(2)

인연을 맺은지 이 년이 지나도
한결같은 마음으로 서로를 보살피는

차분한 목소리에
정다움을 함께 하는 그대들

자주 만나지는 못해도
그대들은 삶의 보금자리에서
다정함을 누리기를

이제는,
서로에 관해 많은 것을 알기에
사랑의 씨앗을 심기를

그러면,
그대들의 영혼은 영원할 거야

나의 연인

하얀 밤을 사모하는 그대는
세상에 속한 사람

어지러운 삶을
따뜻하게 보살피는 그대는
아름다운 사람

나와 한 몸이 된지
사십 년이 훌쩍 지나도
늘, 나와 한 몸이기를 바라는 사람

그대는 맑은 영혼으로
내게 속삭이는 사람

늘, 아름다운 사람
나의 어리석음을 다독거리며
조용히 미소짓는 사람

나의 연인

추억

누구나 한 번쯤 기억하고 싶은
추억

젊은 날의 열정은 끝이 없고
맑은 영혼에 간직한 아름다움

추억을 마음에 품으면
서서히 드러나는 삶의 이야기

무엇이 그리워
한밤중에 잠 못 이루나

새벽이 왔을 때
드러나는 삶의 자취들

그님과 함께 한 사연이 있어
더욱 빛나는 시절

고개 들어 푸른 하늘을 바라보니
떠오르는 기억의 다정함

긍정의 세상

누구 때문인지 알아도
분노할 수 없는 나의 마음

그 좋은 젊은 날에
받은 영혼의 상처는
쉽게 아물지 못하네

그래도 희망을 품을 수 있는 건
세월이 나와 함께 하기에

그님은 내 마음을 알기에
조금은 그들을 용서할 수가 있네

그것이 얼마나 큰 축복인지 나는 알기에
새롭게 돋아나는 긍정의 세상

그대(2)

함께 한 세월과 더불어
곱게 늙은 그대

늘, 넉넉한 마음으로 나를 대하니
내 마음이 편하다

그리운 그대,
우리는 영원할 수 있을까

그대의 상냥한 말씨에
나는 새로운 힘이 솟는다

그것은 그대의 진실
그것은 나의 모든 것

우리는 밤이 새도록
정겨운 대화를 나눈다

사랑의 꽃(2)

조용히 다가와
인연을 맺은 우리

청춘의 장을 넘기면
그리움이 가득

이제는,
늘 함께 지내며
사랑의 꽃을 피운다

설혹,
우리의 삶이 힘들더라도
한 번 웃음 짓기를

그것은
우리가 바라는 세상
영원히 지지 않는 속삭임

웃음

요새는 가만히 생각하다가
웃음이 나온다

별 뜻도 없이 떠오르는 기억에
웃음이 나온다

그럴 때 마다
내 마음이 가벼워진다

또한, 모든 것이
사랑스러워 보인다

때론,
얄궂은 시절이 생각나면
웃음이 나온다

즐겁다는 것이
얼마나 중요한 일인지......

희망

소중한 기억들을 살피면
떠오르는 희망의 속삭임

과거의 슬픔이 아픔이어도
희망이 있어 버텨온 시절

잔인한 무리들은
생명을 가볍게 짓이겼네

그래도,
희망을 간직한 이들은
순결한 마음으로 내일을 밝힌다

가을비(1)

삶이 서러워
말없이 비를 맞았네
그것도 가을비를

이별에 마음이 아파서
마음속에 비를 맞았네
그것도 가을비를

그리워도
만날 수 없는 사람이기에
온몸에 비를 맞았네
그것도 가을비를

그래, 그저 가을비였네

속삭임

누구나 우연히 기억하고 싶은
옛적의 사연들

젊은 날의 열정은 사라지고
참된 영혼에 간직한 아름다움이 빛난다

추억을 마음에 품으면
서서히 드러나는 삶의 이야기

새벽이 왔을 때 드러나는
삶의 자국들

그님과 함께 한 사연이 있어
빛나는 시절

고개들어 푸른 하늘을 보니
떠오르는 다정한 속삭임

고백-따스함

날이 저물어 세상이 어둠에 묻힐 때
떠오르는 사연들

그 좋은 날에 함께 한 그님은
오늘도 나를 돌보네

영원하여라, 그님의 사랑은

오늘은
그님을 만나러 예배당에 가기 위해
채비를 서두른다

이윽고, 다다른 곳에는
믿음과 평화가 함께 한다

웅장하게 울리는 신앙의 소리
결코,
잊을 수 없는 그님의 따스함

아름다운

현재를 위해 과거를 살피는 사람은
아름답다

미래를 위해 현실에 충실한 사람은
아름답다

추억에 잠겨 그리움을 밝히는 사람은
아름답다

밤의 정적을 함께 하는 사람은
아름답다

잠 못 이루는 새벽에 불꽃을 피우는 사람은
아름답다

모든 순간이 소중해 조용히 기도드리는 사람은
아름답다

그래, 아름답다

삶의 흔적

까마득한 기억이
현실이 될 줄이야

현실을 보살피니
미래가 손짓한다

세월의 흐름은
천천히도 빠르게도 흐르는데

잊을 수 없는 우리의 이야기에
세월이 함께 한다

그것이 우리의 삶의 흔적이기에
조용히 눈을 감는다

꿈-선물

그대에게 줄 것이 있으니
그대 나에게 다가와라

이제, 선물의 보자기를 여니
소박한 자취들이 돋보인다

나, 그대의 마음을 알기에
초라하지 않은 선물을 그대에게 드린다

시간은 얼마 남지 않아
성급해지는 내 마음

그대여, 이제 선물을 가져가라
나의 선물을 영원히 간직하기를

세월(4)

흘러가는 시간에
자리잡은 추억의 조각들

아쉬운 순간이 많아도
큰 뜻은 변함이 없네

삶은 귀중하기 때문에
세월에 묻힐 수 없는
아름다운 시간의 기억들

문득, 뒤돌아보면
세월은 잔잔히 흐르며
슬픈 사람들을 달랜다

인생-사람의 삶

끈질기게 버텨온 계절에
스치는 사연들

그님이 있어
덜 슬펐던 삶의 흔적

온전한 사람의 삶이기에
거부할 수 없는 그리움

이제는,
미래를 향해 나아가니
새롭게 펼쳐지는 삶의 향기

결코, 잊을 수 없는 순간들은
가까이에서 살짝 흔들린다

결국, 삶의 서러움 감추고
그님에게 모든 걸 맡긴다

사랑의 언약

끊임없이 이어지는 삶에
드러나는 진실

현재의 삶이 힘들더라도
희망이 있어 버텨온 세월

한 번쯤 서운함이 있어도
삶이 아름다워
간직한 사랑의 그림자

또한, 진실한 세상에
돋아나는 너와 나의 이야기

설혹, 미래가 멀리 있어도
간결한 마음으로 앞서 나가기를

그러면, 진정한 삶을 알기에
광활히 펼쳐지는 사랑의 언약

진실의 언어

참된 이들만이 간직할 수 있는
진실이란 언어

사람들은 살아남기 위해서
삶을 가식으로 치장한다

그럴수록, 갈등이 심해
자신을 벗어나지 못한다

그만큼, 세상은 냉정한 것
세상은 사람을 희롱하기도 하는

그래도,
진실을 사모하는 참된 이들이 있어
세상은 견딜만 하다

결국,
세상은 가까이에서 기지개를 켠다

친구, 성진에게

친구야,
너로 인해 행복한 시절은
가까이에 있고

너로 인한 기쁨은
지금도 내 마음에 있다

우리가 맺은 언약이 사랑이라면
사랑에 기쁨을 더하고 싶다

친구야,
보기만 해도 좋은 친구야

너의 넉넉한 웃음소리가
오늘은 유난히 그립구나

가까운 시일에 너를 만나려 하니
벌써, 내 마음이 두근거린다

나의 좋은 친구야

사랑의 속삭임

쓸쓸한 저녁에
다가오는 인연들

수많은 사람과의
만남과 이별이 나를 감싼다

그리움,
그대가 있어 행복한 시절은
아직도 내 가슴에 있다

결코, 잊을 수 없는 것은
사랑의 속삭임

오늘도,
그대와 함께 하며
따뜻한 온기를 마음에 심는다

우리가 쓸쓸하지 않은 이유는

우리가 쓸쓸하지 않은 이유는
자주 만나지 못해도
절친한 친구들이 있기에

우리가 쓸쓸하지 않은 이유는
따뜻한 가족의 단란함이 있기에

우리가 쓸쓸하지 않은 이유는
마음이 아름다운 사람이 있기에

우리가 쓸쓸하지 않은 이유는
그님이 있기에

어느덧, 세월은 가고
찬바람이 내 뺨을 스칠 때
떠오르는 그님의 고운 목소리

영원한 삶

혼란스러운 세상을
침묵의 소리로 장식하는 이들

침묵, 그 단순한 말속에
심오한 뜻이 담겨 있기에

순종은 믿음의 소리
설혹, 마음이 흔들리더라도
그님께 의지하는 것은
그님은 이해와 사랑의 표시이기 때문에

늘, 그리운 그님
영원한 삶을 꿈꾸는 이들에게
푸른빛을 내려주소서

문득 떠오르는 것이

문득 떠오르는 것이 과거라면
과거에 그리움을 담기를

문득 떠오르는 것이 지금이라면
지금에 진실을 담기를

문득 떠오르는 것이 미래라면
미래에 희망이 가득하기를

문득 떠오르는 것이 기쁨이라면
조용히 미소 짓기를

문득 떠오르는 것이 약속이라면
그 약속을 고이 간직하기를

문득 떠오르는 것이 믿음이라면
그 믿음에 거짓이 없기를

문득 떠오르는 것이 사랑이라면
사랑에 아름다움을 간직하기를

가을비(2)

무슨 사연이 있기에
내 마음이 아픈가

차가운 가을비를 맞으면
떠오르는 모습

화려한 날은 지나고
가슴에 다가오는 애틋함

그대가 있어
행복했던 시절은
저 만치 사라져가네

가을비,
결코 잊을 수 없는 시절은
그리움 뿐이다

가을이 오면

가을이 오면
차가운 바람에 따뜻함이 가득

가을이 오면
떠오르는 아름다운 기억들

가을이 오면
잊을 수 없는 사연들이

가을이 오면
생각나는 그님의 고운 모습

가을이 오면
늘, 함께 하고픈
그님의 상냥한 목소리

가을에는

가을에는
몸이 차갑더라도 마음만은 따뜻하기를

가을에는
아름다움을 고이 간직하기를

가을에는
쓸쓸한 낙엽과 함께 하기를

가을에는
세상이 어지러워도
굳건히 삶을 이어가기를

가을에는
보고픈 사람과의 기억을
잠시 생각하기를

가을에는
모든 것이 소박하게 머물기를

마음이

마음이 기쁠 때
그 기쁨이 영원하기를

마음이 슬플 때
그이의 보살핌을 받기를

마음이 설레일 때
오랫동안 기억할 수 있기를

마음이 아플 때
그이의 위로를 받기를

마음이 아늑할 때
그이의 사랑 안에 머물기를

약속

우리가 사는 동안에
많은 약속을 한다

약속이 달콤하다고
약속을 입안에 가득 채우지 말기를

약속이 귀중하다고
저 혼자 보관하지 말기를

약속이 지키기 어렵다고
쉽게 포기하지 말기를

설혹, 마음이 따뜻한 이들이
약속을 어겨도
그 뜻을 헤아려보기를

약속은 너와 나의 관계 속에 있기에
상대방을 배려하는 마음도 필요하다

불교

불교의 내용에는 전생, 현생, 내생이 있는데
거기에 더해 극락과 지옥이 있다

기독교의 내용에는
천국과 지옥이 있다

전생, 현생, 내생, 극락, 그리고 지옥
사람이 죽으면 어디로 가는지
불교의 내용으로는 불투명하다

*참고: 삼국시대에 불교를 받아들인 이유는 왕실과 귀족의 권력을 합리화하기 위해서   이다

우리에게 필요한 사람

잔머리 굴리지 않고
큰머리 굴리는 사람

슬픔

내 마음에 가득한 슬픔은
나의 서러움

언젠가,
함께 했던 순간들은
지금도 생생한데

나, 슬픔에 빠질 때
내 자신이 심각해진다

그저,
말없이 생각에 잠기면
떠오르는 그님의 고운 음성

슬픔은 나의 몫
종종 내 가슴에 와 닿는
감정의 덩어리

희생

얼마나 놀라운 일인가
자신을 희생하여 善을 이룬 이들은

그리고,
혼란스러운 세상에
경고의 깃발을 든 이는 누구인가

마음이 부유한 일부의 이들은
오늘도 핍박받는 이들을 돌보고

그 넓고 깊은 마음은
참된 사랑에서 비롯되니

그 누구도 그들의 희생을
완전히 이해하지 못한다

또한,
소수의 사람들이 지배하던 세상을
다수의 사람들이 이어 받아
찬란한 꽃을 피운다

우리

이별 없는 곳에서
새로움을 나누기를

긴 세월을 함께 했기에
새로움도 낯익음이네

문득, 떠오르는 그대는
나의 고운사람

함께 한 영혼은
영원으로 치달으니

늘, 다정한 우리,
우리의 삶

쓸쓸한 밤

쓸쓸한 밤에
떠오르는 그대, 가로등 불빛

그 가로등불 아래
드러나는 그리움

그대와의 사연이
등불이 되어 빛날 때

결코, 잊을 수 없는 건
그대와의 언약,
사랑의 그림자

서로 말은 달리해도
마음만은 서로 같다는 것

술과 담배

술은 끊은지 꽤 오래되어
술 생각이 조금도 나지 않는다
고기집에서 소주를 마시는 모습을 보아도
아무런 감정의 변화가 없다
술처럼 담배가 끊어지면
얼마나 좋을까
그놈의 혼란스러운 머리 때문에
담배를 가까이 한다
언젠가, 담배도 끊어지겠지라고
생각하면서도
어느새,
담배 한 개피를 손으로 잡는다

빛과 어둠

혼란스러운 세상을
버티는 이들

삶이 아름답지만은 않아도
진실을 살피려는 이들

무슨 이유로
삶이 소중한가

그 빛, 찬란한 빛에
어둠은 물러나는데

얼마나 좋을까(1)

내가 음악을 사랑한다면
얼마나 좋을까

음악은 삶의 기쁨과 슬픔을
노래하기 때문에

내가 사람을 사랑한다면
얼마나 좋을까

사람은 저마다의 진실을 살피며
살아가기 때문에

내가 그님을 사랑한다면
얼마나 좋을까

그님은 완전한 분이기에
나의 모든 것을 맡길 수가 있네

얼마나 좋을까(2)

내가 시를 좋아한다면
얼마나 좋을까
시는 진실한 사랑을 밝히기에

내가 소설을 좋아한다면
얼마나 좋을까
소설은 세상의 진실을 밝히기 때문에

내가 운동을 좋아한다면
얼마나 좋을까
운동은 심신을 단련하기 때문에

내가 가난한 마음을 간직한다면
얼마나 좋을까
사람은 누구나 가난하기 때문에

누구인가

나의 연약함을 감싸줄 이는
누구인가

나의 어리석음을 변호할 이는
누구인가

나의 삶에 힘을 실어줄 이는
누구인가

나의 분노를 누그러뜨릴 이는
누구인가

나의 사랑을 깊게 해줄 이는
누구인가

바로, 그 분

작은 누나

어릴 때부터 가족들 중에
가장 아름다웠던

성격이 분명해서
기쁨과 슬픔이 뚜렷한

첫사랑과 인연을 맺어
고운 보금자리를 꾸민

아버지의 사업실패로
결혼자금 모두를 스스로 해결한

또한, 식구들의 가난함을
몸소 해결해준

두 아이를 사랑으로 보살펴서
두 아이가 성숙한 어른이 되게 한

작은 누나는 집안의 기둥이네요

그 집에

오랜 세월이 흐른 후에
그 집에 가보았다

낯선 어린이가 문을 열어줘서
그녀의 방에 들어갔다

그녀의 방에는
그녀의 흔적이 없었다
이사를 간 것이다

나는 쓸쓸한 마음으로
그 집을 나왔다

진실(2)

먼동이 트는 새벽에
떠오르는 그대

그 누구의 잘못이 있어
스러진 그대의 삶

늘, 진실을 추구하다가
세상을 등진 그대

우연이 아닌
모순된 현실의 벽이 두터워
사라져간 그대

진실은 알 것이다
그대가 그렇게 산 이유를

그리움

그 옛날의 사연이
지금이 되었지만
돌아갈 수 없는 시절

가슴이 아파도
한 번쯤 뒤돌아보면
그리움이 가득하다

그날의 상처는
지금도 생생한데
왜 그날을 그리워하나

오히려,
젊은 날의 기억들은
아름답게 보인다

젊었던 시절이기에
그리움이 가득 한 듯

삶의 흔적

쓸쓸한 날에 드러나는
삶의 흔적

기쁨과 슬픔이 함께 했지만
아름다웠던

그 누군가가 있어
나를 위로해주는

생생한 기억의 자국들은
늘, 내 곁에

눈을 들어 푸른 하늘을 보니
설레는 나의 마음

늘, 그러하길

나의 진실한 벗이여
그님을 아는 자여
눈에 불을 밝히고
어둠을 헤쳐 나가라

결국, 다다른 그곳에는
지혜와 사랑이 샘솟으니
아름다운 무희의 하늘 춤사위가
천국을 그려내어 알려준다 해도
침착하라

또한, 그대가
순수한 모습으로
그님을 향할 때
조용한 빛줄기 가슴을 파고들어
온몸에 온기가 퍼져 흐르며
초라한 영육이 조화를 이루니
다만, 감사의 기도를 드려라

그대는 침묵을 듣는 이여
우주의 소리를 듣는 이여
그 주관자가 그님임을 아는 이여
평안하라
작지 않은 행복에 감싸여
영원한 삶을 이루리니

평행선

함께 같은 곳을 바라보며
걷는 발자국

서로, 약간 떨어져서 걸어도
마음은 하나
바라는 것도 하나

불같은 정열은 없어도
차분한 발자취

서로 쳐다볼 수 있고
서로 손을 마주 잡을 수 있으니
결코, 외롭지 않은 평행선

그리움 그리고 쓸쓸함

낙엽이 지고 찬바람이 부는 날에
떠오르는 얼굴

함께 한 세월만큼
그리운 사람, 그리고 쓸쓸함

시간은 앞서 나가고
미련의 조각들은 지금이네

서러운 사람이여,
그대는 왜
고운 목소리로 과거를 말하나

나는 왜
지금에 매달리나

과거의 만남은 두근거림인가
현재의 만남은 속삭임인가

쓸쓸한 날에..,,,,

사랑과 믿음

우연히 떠오르는 그대의 모습은
아름다움 그 자체

긴 세월을 함께 하며 맺은 사랑은
지금도 변함이 없다

다정한 그대는 오늘도 웃음 지으니
밝아지는 나의 마음

그대는 알겠지
오랫동안 지켜온 믿음의 언약을

초라한 내가 그대에게 줄 수 있는 건
사랑과 믿음뿐이다

생명의 울림

초판 1쇄 발행 2025년 1월 01일
초판 1쇄 인쇄 2025년 1월 05일

지은이   유진길
표지디자인   유이준

펴낸 곳   도서출판 우리글벗
출판신고   2020년 7월9일 제2020-000038호
E-mail   jinkilyoo@hanmail.net
정가   13,000원   ISBN 979-11-984748-2-7